너무나 고마운 존재인

_____ 님의 옆자리가 되어드릴게요.

너의 옆자리

너의 옆자리

© 윤서영, 2022

발 행 2022년 10월 10일
지은이 윤서영

펴낸이 최지훈
펴낸곳 나다움북스
등 록 제2020-100004호
이메일 chlwlgns012@naver.com

ISBN 979-11-979315-2-9 03810

너의 옆자리

윤서영 지음

목차

프롤로그

1장 나

2장 사랑

3장 우정

4장 가족

5장 자연

6장 예술

7장 기도

8장 꿈

에필로그

함께 가는 길

세상을 살아가다 보면 접하게 되는 많은 일들 속에서 저를 응원해 주는 사람들로 인해 하루하루 힘을 내어 살아가는 것 같아요. 글을 통해 삶과 생각을 전하며 미처 알지 못하는 분들과 소통하고 공감하길 바라는 마음으로 책을 내게 되었습니다.

인생은 늘 예기치 않은 일들의 연속인 것 같아요. 즐거움과 슬픔이 함께하는 인생길이라고 하면 적절한 표현이 될까요.

하지만 그런 일들 속에서 더 겸손해지고 한 뼘씩 자라면서 인생의 깊이를 알아가는 것이 아닐까 생각해요.

좌절의 순간이나 오지 않은 미래에 대한 불안도 어쩌면 겪어야 하고 또 받아들여야 하는 것일지도 모르겠어요.

그렇지만 그러한 것들은 어려움을 이겨낼 힘을 주는 큰 원동력이 되기도 합니다. 그래서 오늘 겪는 어떠한 것들도 내일을 위한 큰 자산이 된다고 생각해요.

밤하늘의 작은 별빛에도 가슴 뜨거울 수 있고, 길가의 풀꽃을 보며 웃음 지을 수 있고, 파랗고 맑은 하늘을 보며 기지개 한번 크게 켤 수 있고, 내 옆의 소중한 사람에게 웃어 줄 수 있는 마음의 여유가 가득한 삶이 되시길 바랍니다.

당신의 옆자리에서 책을 읽어주듯 펼쳐 드는 저의 글이 부디 작은 위로와 공감이 되길 기도드립니다.

2022년 9월

사랑하는 마음을 전하며 윤 서 영

1장

나

나 1

지금도 잘하고 있어

다가가다 망설이지 마

있는 그대로의 너를 사랑하는 누군가가 있어

단, 지혜와 배려로 다가가길

그게 좋으니까

나 2

나를
거울에 비춘다

너무 환히 보이기도
보고도 알 수 없기도
감추고 싶기도
부끄럽기도
안쓰럽기도

나 자신을
더 꽉 짜서
진짜 내가 되고 싶다

진정한 자유는
어쩌면 가식 없는
내 모습에서
출발하는 것이 아닐까

나 3

조용하고 온유한

부드럽지만 강인한

내가 되고 싶네요

서영아

안녕?
오랜만에 불러보네
무엇이든 널 다 응원해

어느 가요의 가사처럼
나약하다 해도 강인하다 해도
너를 사랑해
아니 사랑할 거야

사람은 지금 순간에 최선을 다하지 않고
더 나은 미래를 기대하기 어렵지
순간들이 오늘내일 모여
인생을 만들어 가는 거야

또 하나
너에게 하고 싶은 말
행복한 마음에 최선을 다하길

따뜻한 차 한잔하며
좋아하는 사람들과 즐거운 대화와 웃음 속에
만족하는 너를 늘 지켜줘
그런 네가 가장 빛나거든

당신과 나

너만 겪는 거 아니야
누구나 다 겪는 거야

그렇지만요
함부로 말하지 마세요

인생 숙제는
나만 알고 있고 짊어지고
가는 중이랍니다

잘 알지 못하면서
판단하지 마세요

나를
천천히 알아가세요
믿음을 저버리는 일은
없을 거예요

8살의 나에게

참 귀엽다
빨간 정장을 입은
네가 초등학교 1학년 교실에 있는데

다른 반 부모님들이 너를 보러 왔대
어디서 예쁜 애가 왔냐고 궁금해서 말이야

얼굴이 하얗고 잘 웃는 네가
지금 생각해도 참 예쁘다

그때의 너를 늘 생각하고
순수한 마음 잃지 말자

20대의 나에게

이른 새벽
버스에 몸을 실으며
오늘도 시작하는 하루

누군가의
희망, 지식, 힘이
되었던 그때의 나에게

박수를

-2019. 11월 어느 아침 서영이가
첫 직장에 가던 2004년. 9월 서영에게

파랗다
너와 나의 마음도
그러하기를

지금의 나에게

10대의
귀엽고 사랑스러운 나

20대의
열정적, 도전적이었던
힘들었지만 행복했던 나

30대의
가족이라는 울타리 속에
부모라는 직업을 가지며
한걸음 성숙했던 나

40대는
다시 20, 30대로 돌아가고 싶다가도
흠칫 고개를 젓는 너무나 많은 것을
알아버린 나

인생 후반전인 지금
새롭게 다가오는
세월 속의 행복을
알아차릴 내가 되길

마지막 순간의 나

참 슬프고
두려울 것 같지만
언젠가 한 번은 겪어야 할 것

다만 남겨진
그들이 걱정될 듯

인생은 계획대로
되지 않는 법

사랑하는 사람들을
떠나보내고
또 내가 떠나가야 할 그날
아름다웠다고 말하도록

오늘도
소중히

마음 거울

나의 마음을
바라보면

때론 인정하고
싶지 않지만

부족함이
보인다

하지만
인정하는 순간

한걸음
나아가는 것

내 마음

숨기기엔

쉽게

드러나고

모른척하기엔

안쓰러운

너

현재의 자리

과거는 이미 지나갔고
현재는 지금 알고 있으며
미래는 만들어 가는 것

우리 지난날이 어찌 되었든
지금, 이 순간만 바라보면 된다
여기, 현재에 집중할 것

새로운 나를 위해
더 좋은 나를 위해
과거는 버려라

그래야 그 빈자리에
새로운 현재가 들어올 수 있으니까

나에게

하루가 가는구나

열심히 지낸 하루

피어나기 위한 움츠림

날개를 활짝 펴서

언젠가 자유롭게 도약하리라

2장

사랑

사랑을 선택한 너에게

그래
용기가 필요할 거야
너를 내어주는 것이거든

영혼, 마음, 시간과
지금 있는 모습 그대로를

오롯이 내어줘야
비로소 하나를 얻는 것

선택이 줄 결론을 미리 내지 마
그건 아무도 모르는 거야

힘내
포기하지 마
너를 응원해

사랑이란 무엇일까

이 세상
동서고금을 막론하고
수많은 시와 글들을
나오게끔 하는 것

때로는 눈물짓고
가슴 떨리게
운명처럼 다가오는 것

많은 사람이 감당하기 어려워
때로는 외면하고 싶어 하지만

아마 이생에 다음 생애에도
계속 사람들 속에
따라다닐 바로 사랑

사랑합니다

사랑은 누구에게나 다 필요하지요
서로의 허물을 덮어주고
아픔을 다독여주는 것만큼
아름다운 일이 있을까요

부족하지 않다면
왜 사람과 사람이 만나서
서로를 채워나갈까요

내가 나를
우리가 서로를
안아 주어요

사랑 1

너를 위해

새벽녘

깊은 잠을 깨워

모기를 잡아주는 것

사랑 2

누구에게나 사랑하는 무언가가 있지 싶어요
그것이 사람이든 일이든 어떤 것이든 말이죠

어릴 때부터 음악을 무척 좋아했어요
지금은 무척 사랑하는 것 같아요
늘 가까이에 두고 그냥 좋아서 늘 듣고 느낀답니다

또한 음악의 매력은 세대를 넘나들고
인종, 성별을 뛰어넘는다는 것이지요

거창하고 화려한 것이 아니라
그냥 마음에 들어오며
소박하지만 아름다움이 있고
화려하지 않지만

메시지가 있는 음악을 사랑하고 싶고
계속 곁에 두고 싶어요

나 자신을 사랑하기

세상에서 가장 어려운 것이
나 자신을 사랑하는 것이 아닐까요

왜냐면 너무나도 내가 나를 잘 알기 때문에
쉽게 용서할 수도, 타협할 수도 없기 때문이지요

그러나 아이러니하게도 나를 사랑하지 않고서는
상대를 진정으로 사랑할 수 없지 않을까 생각해 봅니다

하루에도 수많은 일들이 일어나고 그 안의 일들 속에
나를 내가 칭찬하고 싶은 순간도 자책하는 순간도 와요

하지만 그 모든 것도 나라는 것을 인정하는 순간

행복이란 것이 찾아오는 것이 아닐까요
누구도 완벽한 사람은 없고
그저 조금씩 알아가고 배워가는 것이죠

나를 사랑해야 남을 사랑할 수 있다는
늘 들어왔던 말이 있죠

우리 우선 나를 사랑해 봐요
그래야 남을 사랑할 수 있지 않을까요

인생관

나의 인생관을 생각해 봅니다
사랑이 가장 중요해요

성공, 목표 달성, 경제적 자유
중요하지 않다는 것이 아니에요
그 안에 사랑이 있어야 마음이 풍족할 것 같다는 거죠

하나를 얻기 위해선 하나를 버려야 하는 것이
인생의 이치라면 나는 커리어 대신에 가족을
선택했어요 그 선택에 후회는 없답니다

하지만 가족과 나 자신의 시간을 균형 있게 써요
그것이 가족과 나에게 더 좋은 영향을 준다고
생각하기 때문이죠

나의 삶은 내가 선택하고 즐겨야 하고
누구도 대신 살아주지 않는다고 생각해요

그리고 늘 생각하는 것이 있어요
인생은 유한하다라는 것이죠

인생의 핵심을 벗어나지 않는 선에서
나를 위한 시간은 꼭 필요해요

그래야 아프지 않고 행복하다고 생각합니다
몸도 마음도 건강해야 인생은 즐거워요

사람이 살아가면서
뭐가 잘나고 못나고의 기준은 없어요

겉으로 보이는 성공만이 중요한 것이라기보다는
나 자신에게 솔직하고 최선을 다했느냐가
중요한 게 아닐까요

3 장

우정

퍼즐

사람에겐
어떤 조각들이 있을까

반듯한
직사각형만은
아닐 거야

울퉁불퉁한
때론 지우고 싶은
조각들

그렇지만
잊지 마

그런 널 있는 그대로
사랑하는 누군가가 있다는걸

나의 생일

오늘 아침
눈을 떴는데
제가 살아있음에
눈물이 났어요

아니죠, 나를 사랑해 주는 사람들이 있음에
너무 감사해서 눈물이 났다고
하는 게 맞겠지요

몸은 함께이지 못하지만
마음은 함께라고 생각할게요

내 마음의 노크

비, 비, 비

똑, 똑, 똑

내 마음에도 노크를 하나보다

얼었던 내 마음
조금씩 숨쉬기 시작하는 걸

너와 나

시간 안에 함께 숨쉬기를

비 오는 날

창밖에

비

나와 우리

또 하나의 추억

먼 훗날

낡은 책장 속에

우리의 모습이

새겨지고

지금

무슨 일이 있었고
어떤 일이 있었는지

나에겐 중요하지 않아요

지금 있는 그대로의 당신 모습이
나에게는 중요하죠

몸의 상처보다
마음의 상처가 더 크고 오래가죠

하지만
아픔은 지나갈 것이에요

힘을 내어
우리 함께 걸어가요

쉼

벤치에 앉아
하늘을 쳐다본다

어제도 그제도
똑같은 하늘인데

내 마음에 따라
다르게 보이는 건

투영되는
마음 거울 때문이겠지

차 한잔

차
한잔하자는 말
쉬울 것 같은데 어려운 말이죠

이 세상 모든 사람과
차를 마시진 않거든요

그만큼 인연은 쉬울 것 같지만
어렵답니다

어떠한 고리로 만난 사람들이
부디 나를 만나 행복이 더 컸기를

혹여나
내가 준 아픔이 있었다면
다 잊어주기를 기도해 봅니다

힘들었을 우리에게

무척 힘든 하루가 있지요

혼자 있고 싶을 때도 있고요

저 역시 그랬답니다

서로를 잘 알지 못하지만

인생살이란 비슷한 거 같아요

인생

누군가가 나에게 인생은 이런 것이다
말해준다면 얼마나 좋을까요

물론 그런 말을 듣는다 해도
그게 다가 아닐지 모르지만요
결국엔 수업료를 내서 경험해 봐야
하는 것이 인생 같아요

누가 쓴 잔을 행복해하고
고통을 정말 감사하다고 말할 수 있을까요
그저 받아들이는 게 아닐까요

결국 자신을 스스로 지켜야 하고
그 누구도 다 나를 알지 못하고
아픔을 대신 겪어 주지 못하죠

이생에 짧은 찰나의 순간을 함께 즐기고 손잡고 나가요
그것도 상당한 용기가 필요한 것이니까요

사랑하는 사람들을 위한 기도

내 안의 사랑을
표현할 수 있음에 감사드립니다

그들이 늘 저의 곁에 있어 주고
소중함을 알게 해줘서 고맙습니다

그런 그들에게
내 있는 모습 그대로를 보여주되
그들에게 상처가 되지 않고
기쁨이 되길 기도합니다

때론 서로를 알아가는 그 과정에 기다려주고
같은 곳을 바라보며 이야기 나누는 시간이
필요하다면 그것마저 감사합니다

언제나 늘 변함없는
소나무처럼 그들 옆에 있게 해주소서

사랑한 이들에게 보내는 편지

그래

그땐 좋았지

파란 하늘
까만 밤 반짝이는 별

깊었던 내 마음도
그냥 좋았던 그때

나는 너는
뭐가 그렇게 행복했을까
생각하며 웃음 짓는다

지금은 내 옆에 없는
그때의 우리를 생각하며

친구 1

속상한 날, 기쁜 날 전화해서
나의 속마음을 마음껏 털어놓아도
부끄럽지도 미안하지도 않고

때론 섭섭해서 토라져도
어느새 금방 풀리고
눈빛, 목소리만 들어도
어떤 기분인지 아는

긴 시간 동안
궂은일이나 좋은 일에도
지켜봐 주고 믿어주고

한동안 연락이 뜸하다가도
전화하면 어제 만난 것 같이
반갑게 대화를 주고받는
그런 친구가 되고 싶어요

친구 2

나에게 친구가 있다거나 없다는 것의 정의를 어떻게 내릴까요 사실 친구란 정의는 내 마음을 주고받고 서로를 이해하고 응원해 주는 사이라고 한다면 내겐 친구가 있네요

하지만 서로에게 같은 무게의 관심을 가지는 친구 사이는 몇 안 되죠 희한하게 사람의 저울도 한쪽이 기울기 마련이거든요

사람은 내가 상대방을 더 좋아하는지 아닌지를 알 수 있어요 상대방이 날 더 좋아하는 관계에서 중요한 건 상대에 대한 배려와 이해를 많이 해야 하는 것 같아요

좋은 친구 사이가 되려면 서로에 대한 존중과 적당한 소유욕과 이해를 항상 조율해야 하는 것 같아요 그래야 긴 관계가 지속되는 것이 아닐까요

인연에 관하여

난 아직도 직감을 믿어요
그리고 대체로 그 직감이 맞았어요

이 세상에는 노력으로 물리적으로
모든 일이 가능하다고 생각할 수도 있지만
가능하지 않을 수도 있고 계획대로 되지 않는다고
말하는 것이 아닐까요

인연이라는 것도 그렇죠
노력해서 되는 인연이 있는 반면에
아닌 것도 있어요

옷깃만 스쳐도 인연이란 말이 있듯이
나를 한 번이라도 알고 지낸 모든 분과 인연을 맺고
내가 선택한 일이나 좋아하는 것들도
마찬가지라고 생각해요

한 사람의 일생을 지배하는 가장 중요한 인연은
바로 부모님이고 그다음이
배우자, 자녀, 스승, 친구 같아요

자석의 N 극과 S 극이 서로 끌리듯이
사람도 끌리는 사람이 있어요

아무 말도 하지 않아도 숨소리만 들어도
그냥 좋은 사람이 있고
오랫동안 안 보아도 갑자기
그냥 만나도 좋은 사람이 있어요

서로가 걸어온 길이 비슷해서일까
영혼이 맞닿아서일까 그건 알 수 없지만
그냥 그런 사람이 있는 것 같아요

사람 알아가기

사람 알아가기란 말이 무색하리만큼
"열 길 물속은 알아도 한 길 사람 속은 모른다." 는
말이 있지요

나 자신도 온전히 다 드러내는 것이 어려운데
하물며 상대방도 그러할 것 같네요

하지만 아무리 겉포장을 한다고 해도
무의식중에 나오는 행동과 말은
속일 수 없는 것 같아요

그래서 사람을 알기 위해선 사계절을 같이 지내보고
즐거운 일분 아니라 힘든 일을 함께 겪어 봐야 한다고
하는 것이 아닐까요

신기한 경험을 곧잘 하는데 가령 10명이 모이면
굳이 노력하지 않아도 나랑 잘 맞는 사람 두세 사람

나랑 다른 사람 두세 사람, 서로 별 관심 없는 사람
두세 사람 정도가 구성되는 것 같아요

나의 경우엔 그 10명 중에 단 한 두 사람 정도
오랜 세월 쭉 같이 지내게 되는 것 같아요

그래서 모든 사람과 다 인간관계를 깊이 할 수는
없지만 어떤 모임에서든 마음을 주고받는 소수의
사람이 생기기에 난 내가 선택한 모임에 최선을
다하는 편이에요

그리고 또한 10명의 모든 인연에 감사해요
그 인연들은 때론 나의 스승이 되거나 친구가
되기도 하고 간접 경험을 주기도 하기 때문이죠

4장

가

족

가족 1

살아가는 이유

살게 하는 이유

힘을 내는 이유

힘을 주는 이유

가족 2

가족이란

힘이 되기도

힘이 들기도 하는

존재인 것 같다

소시지

갈색의 널

뜨거운 물에
퐁당 담가서 씻었지

칼로 쓱쓱 잘라
프라이팬에 넣는 그 순간

넌 다시 태어난 거야

NEW LIFE

P.S: 인생이란 그런 거야
　　　누군가에게 기쁨이 될 때
　　　때론 나를 희생해야 하는 순간이 오지
　　　가족들을 위한 희생도 그런 것일지 몰라

고열

한밤중에
아픈 아이를
돌보는 손길

아이가
아플 때마다

까맣게
타들어 가는 마음

이 세상에
어떤 것도
부럽지 않은 것은
내 아이의 건강

부모님

저에게 있어 부모님이란 존재는
큰 울타리와 같아요

내가 내 자녀에게 그렇듯
끊임없이 주려고 하시는 분들이시죠

어떻게 보면 이 세상에 가장 위대한 힘은
부모가 자녀를 사랑하는 힘이 아닐까요

어떤 인연으로 만났는지는 모르겠지만
부모와 자식의 관계는 말로 설명할 수 없는
끈끈한 뭔가로 엮어져 있는 것 같습니다

위대한 사랑
부모님의 사랑 같아요

아버지

늘 새벽에 일어나셔서
우리를 위해 일하러
나가시는 뒷모습

어느새 그 모습이
힘이 없어지셨네요

마음 한 구석이
아파와요

이젠 제발 좀 쉬시고
하고 싶은 거
많이 하세요

엄마

우리 엄마의 엄마

나의 엄마

엄마가 된 나

다 어쩌면 똑같은 엄마

자녀에게
뭐든지 다 해주고 싶고
줘도 또 주어도
더 주고 싶은 엄마

이건 왜 그런지
나도 모르겠지만
엄마는 그냥 그렇다

후회

늘 후회한다

엄마 아빠는 지금의 내 자식을
내가 대하는 그 마음 그대로
나보다 더 나를 생각해주시고 아껴주시는 분들

내 모든 것들을 이해해주시고
늘 기다려 주실 것 같아서일까
왜 더 표현하지 못할까

조금씩 더 표현하고 드릴 수 있는 것을 생각하고
작은 것부터 더 챙겨 드리는 것

그보다 가장 원하시는 것은
내가 잘 살아가는 것이니 그러도록 하자

시부모님

벌써 16년이라는
세월이 지났어요

또 다른 부모 자식의
인연으로 만난 우리들

세월이 더 흘러
부모님들을 생각하면
너무나도
더 감사할 것 같습니다

그래서 오늘 하루 더
한 번 더 감사하고
한 번 더 힘을 냅니다

나의 아가들

우리 아가
귀여운 아가

보기만 봐도
행복이
넘쳐나고

빛이 나는
우리 아가들

엄마는
너무너무
너희를 사랑해

외할머니

할머니

할머니

할머니

보고 싶어요

왜 나를 사랑해요

늘 나는 묻곤 하지요

그러면 남편은
싱긋 웃으며
"그냥"

나는 고개를 갸웃거려요

"당신처럼 뭘 하나 선택하기
 신중한 사람이 어떻게 나 같은 사람을 선택했나요?"

결혼 13년차에 겨우 들었던
한마디 "착해서"

정말 난 착한가요?
착하게 살려고
무진장 노력하는 것이죠

어떻게 해요
불쌍한 우리 남편

괜찮아요
매일 반성하고
그다음 날 조금씩
더 나아지는 나이니까요

믿어주세요
믿어주는 만큼 성장한
내가 곁에 있을 거예요

누군가의 전화번호를
외웠으면 하던
때가 있었어요

이젠 남편의 전화번호는
아주 잘 외우니

우린 제법 친해졌네요
친하게 잘 지내요 우리

그래야 아이들도
우리 닮아 잘 지내지요

좀 더 이해하고 생각해주고
그러고 그러다 보면
흰 백발이 되어서
서로의 눈을 바라보며
웃는 날이 올 거예요

바닷가에 앉아
따뜻한 햇살에

서로의 등을 기대며
쉬는 날도 오겠지요

사랑한다는 말은 하는 순간
진짜 서로 사랑해지는 것 같아요

내 옆에 있는 사람을
진정 사랑하지도 못하면서
다른 사람들을 어떻게 사랑하겠어요

매일 아침에 손수 내가 깎은
과일 도시락 10년을 넘게 먹었으니
잘 알죠? 사랑한다는 걸

P.S: 미안한데 아침에 내가 안 깨워도 일어나면
　　안될까요? 그러면 더 사랑할 것 같아요

5장

자연

물의 빛

눈부심

눈을 뗄 수 없는 아름다움

가질 수 있다면

고이 간직하고 싶다

숨죽여 바라보는 시선 속

조금씩 옅어지는 모습

형용할 수 없는 마음

사라지는 빛 그리고

나

코스모스

어떻게 살아왔니
참 알고 싶구나

많은 바람과 빗속에서도
예쁘게 존재하고
지탱해줄 수 있었던
무언가가 있겠지

단단하고 깊은 심지
때문이 아닐까

한겨울 추위와
여름 속의 더위를
이겨낸 네가 어느 가을날
이렇게 눈부실 수 있는 거겠지

나 너를 참 닮고 싶다

선물

누군가가 준

코끝을 스치는 바람
반짝이는 물결
귓가에 울리는 음악처럼

숨 쉬는 오늘 하루는
결코 우연이 아닌 계획하심

내가 만나는 그들에게
하나의 생명력이 되길
간절히 기도하며

물결에 떠가는 빛처럼
나도 빛이 되어 가고 싶다

1999년의 별

하늘 가득히
빛을 발하는 반짝이는 점들을
가보지 못한 먼 나라일 것이라
여긴 내 어린 날

옥상 위에 긴 망원경으로 본
노란 달빛이 비춰주던
조그만 별사탕 같던
내 기억 속의 별들

그때의 설렘은
또 다시 설렘을 만들고

다시 보일지도 모른다는 생각에
화다닥 내 방 창을 연다
보이는 건 먼지, 그리고 사람들

별이 떠오르는 모습과
내 어린 날을 찾아줄
창밖 사람들의 가슴과 가슴에
동심원을 그려본다
가슴안의 별들을 그려본다

2022년의 별

마음속에
예상치 못하게 온
너희들을 생각하니
너무 가슴이 벅차

아름답다는
표현이 무색할 만큼
너무나도 황홀한 모습

가슴 깊이 남아
두고두고 삶이 힘들어질 때 꺼내어 볼 것 같아

까만 밤하늘
밝은 모습들을 보면서
삶이란 것은 때론 이런
감동적인 일들이 있을 수 있음에
더 오래 살아야겠다는 생각도 들었단다
정말 멋졌어

파도를 보며

반짝이는 너

아름다운 너

만질 수 없는 너

차마 떠나갈 수 없는 너

오늘의 가슴 시린 아름다움을 준 너

발걸음이 떼어지지 않는 나

바다 1

난 원래 바다를 좋아하진 않았어요
왠지 춥고 차가운 느낌이랄까요
산을 더 좋아했었답니다
산은 왠지 나에게 좋은 기운을 주더라고요

그런데 3년 전부터 바다를 무척 좋아하게 되었어요
이유는 추억들이 생겼기 때문이죠

언젠가 홀로 바다를 걷는데
석양과 함께 듣던 음악이 너무나도 멋졌습니다
난 그런 순간이 많이 올 거로 생각했는데
3년이 지난 지금도 그 순간은 오지 않았어요
가끔 혼자 걸어보아도 그때의 그 느낌은
잘 안 오더라고요

사람의 만남도 그러할까요?

나만 좋아하는 것이 아닌 상대만 나를 좋아하는 것이
아닌 서로서로 좋아하는 사람을 많이 만나게 될 것
같은데 사실 그렇지 않을 수 있어요

그래서 내게 소중하게 다가온 인연들을
절대 버려두지 않고 잘 아끼고 보살펴야 할 것 같네요

항상 그대로 내게 있어 줄 것 같은 그들은 언젠가
유한한 시간 속에 내가 돌아보지 않으면
지쳐서 떠날 수 있거든요

하지만 단 한 가지 또 생각해야 할 것은
여유이겠죠

바다가 나를 항상 기다려주듯이 내가 사랑하고
좋아하는 사람을 믿고 기다려주는 여유가 있다면
사랑하는 그들은 나를 떠나지 않을 것 같아요

바다 2

그냥 좋다

왜 좋을까

늘 안아주고

위로해주니까

오늘의

가슴 시린

아름다움을 준 너

6장

예술

발레 1

무척 경이롭고

신비한 것 같아요

손가락 발가락

모든 신체의 감각들을

한데로 모아 만드는

최고의 예술이죠

발레 2

머릿속 순서와 동작이
따로 놀고

손끝 발끝의
세밀한 느낌을
미처 알지 못하고

근육이
찢어질 듯한
당김에 아파도

자주
너를 생각해

스트레칭

누구나 다
스트레칭
한 번씩은
해 보았을 거예요

무엇보다
마음의 스트레칭이
늘 우선인지도 모르겠어요

무엇이든
준비하지 않고
시작하는 것은
아픔이 올지 모르거든요

영화

감독, 배우, 작가
스텝들, 제작자
음향감독, 미술감독

정말 많은 사람들의
손때가 묻은 것이기에
무척 매력적이고
가치 있는 일이에요

하지만
그 길을 가기 위해선
감내해야 할
많은 것들이 있음을 알아요

이 세상의
모든 영화 관계자분들
응원하고 존경합니다

작곡

오선지 위에 그려 나간다

음을 이루는 것은

내 눈물, 웃음, 기쁨

아기를 탄생시키는 과정과 같이

키우고 다듬고 때로는 아파야

비로소 완성되는 것

비처럼 음악처럼

비가 옵니다

잔잔한 음악과 함께요

나만의 내면의 세계로 들어가 봅니다

문득 20대에 갑자기 영감이 밀려와 쓴
시와 곡이 생각이 나네요

위대한 예술가의 시와 곡은 아니지만
이 세상에 하나뿐인 나만의 작품들이에요

영감의 원천은 사람이었어요

내가 늘 우선으로 생각하고
많은 영향을 받는 것이 사람인지라
그래서 관계를 잘 유지하고 싶어 하는 것 같아요

창작가들이 밤에 작업을 많이 하는데
나 역시 새벽녘에 그냥 끌리듯이
썼던 기억이 나요

그런 영감들이 많이 올 것 같지만
내 경험으론 그렇게 많지 않은 것 같네요

앞으로 공감할 수 있는
따뜻한 글을 쓰고 음악을 하고 싶습니다

보컬

사람을

적나라하게

느끼게 하고

보여 주는 것

7장

기

도

내면

깊은 나의 내면으로
들어가고 싶네요

밝고 진지한
모습 모두 똑같은 나에요

나를 비춰봐요

부끄러운 용기, 열정과 사랑, 욕심
단호하지 못한 마음 여림도
모두 내 것이에요

누구에게도
그 무엇을 위한 것도 아닌

나를 위한
기도를 하고픈 밤입니다

묵상

조용한 시간
혼자 묵상 한 적이 있나요

가장 편안한 음악을 틀고
기도하는 순간이 기억나네요

누군가를 위해 기도한다는 것은
결국 나를 위한 기도인 것을

기도

혼자 기도한 적이
있으신지요?

저는 있어요
조용한 성당에서 집에서

누군가를 위해
기도한 적이 있어요

남을 위한 기도는
늘 그렇듯
나를 위한 기도도 되니
배가 되는 것 같습니다

오늘 밤은
사랑하는 사람들을
위해 기도하고 싶네요

믿음

하루하루가 늘 밝고
힘찬 느낌이길 바라지만

인생이란
예기치 않은 일들로
늘 혼란스럽기도
당황스럽기도 하지요

하지만 우리 믿어보아요

나와 우리를

서로에 대한 믿음이 있다면
어떠한 시련도 견딜 수 있어요

우리의 삶의 모습이
서로에게 힘이 되기를 기도합니다

행복

내가 가진 것에
감사하고

누군가에게
뭔가를 해 줄 수 있음에
고마워하는 것

초

나를 녹여
누군가를 위한
빛이 될 수 있다면

조용히
그를 위해
몸을 녹이고 싶어요

화려하지 않고
향긋한 향이 나지 않아도

은은하고
온기 가득한

그런 초가 되고 싶어요

눈물

저녁 늦은 조용한 성당에서
홀로 오르간을 치다가
갑자기 무언가에 이끌려
제대 앞에 무릎을 꿇었어요

눈에서 눈물이 흘러내렸답니다

세월이 훌쩍 지난 지금도
내 마음속에 그 순간이
잊혀 지질 않는 걸 보면

아주 진한 감동의 순간 나도 모르게
가슴 깊은 눈물을 흘렸던 것 같아요

이별

무언가를
떠나보낸
기억은 누구나
있을 거에요

늘 곁에 있을 것 같은
사랑하는 사람들과의 이별
소중히 여기던 동물과의 헤어짐
꼭 이루고 싶었던 나의 꿈의 좌절

두 번 다시 겪고 싶지 않는 것이죠

하지만 이 세상엔
탄생이 있으면 죽음이 있고

나에게 다가온 인연이 있으면
떠나가는 인연이 있음을 우리는 잘 알지요

그리고 꼭 하고 싶은 일이지만
못했던 일도 있고요

이별한 그들과
이루지 못한 꿈들에게
기도하고 싶습니다

그래, 우리 여기까지가
우리의 인연이었나 보다

하지만 이 인연도
나에게 큰 밑거름이 되겠지

너와 나의 소중했던 시간들을
마음속에 잘 저장할게 고마워

삶이 그대를 속일지라도

힘들다고 생각되는 순간은 참 많았다

하지만 "이 또한 지나가리라"
그랬다 지나갔다

삶은 내 마음대로 되는 일도 있지만
그렇지 않은 일도 있다
그래서 아프기도 하다
이 세상에 누구도 아픔 없는 사람은 없다

하지만 그 순간에 누군가가 있다는 것은
정말 큰 힘이 된다
그게 종교이든 사람이든 내 자신이든
하나의 끈을 잡고 버티는 것이다

삶은 버티다 보면
늘 그랬듯 아픔은 지나간다

함께 하소서

나 가진 것 작고 작아
주 하느님 내 안에 사셔
내 가진 모든 것 비워 내리

내 모든 것 내려놓고
주 하느님 그 앞에 서면
내 가진 모든 것 채워주시네

항상 나의 곁에 늘 함께 하시고
내가 가진 것 모두 만족게 하시네
내가 걸어갈 길 주님의 그 사랑 안에
언제까지나 함께 하소서

P.S: 2022년 1월 첫 성가를 작곡하고 작사로 쓴 시

8 장

꿈

우리

그래요

가끔은 지쳐 쓰러져
잠들 때가 있어요

하지만 늘 그렇듯 인생은
똑같은 날의 연속이 아닌 걸
너무나 잘 알고 있잖아요

힘내요

오늘 밤 정말 좋은 꿈만 꾸기를

집중

무엇이든 간에

그 순간에 최선을

결과는 하늘의 뜻에

내가 가장 행복할 때

마트에서 맛있는 아이스크림 10개를
내 마음대로 막 고를 수 있고 좋아하는 치약이
4개가 묶음으로 되어 있어 저렴하게 살 수 있고
오늘 저녁을 미역국으로 빨리 정할 수 있는 결단력이 있고
초콜릿 과자를 가족 수만큼 살 수 있고
좋아하는 음악을 무한 반복 들을 수 있고
아이들에게 편지를 써서 줄 수 있는 마음이 있고
노래할 때 박수 쳐 줄 수 있는 단 한 명의 관객이 있고
조금씩 나아지는 발레 실력에 학원 친구들이 응원해 주고
작은 글에도 감동해 주는 분들과
오랜 친구 작곡을 기대해주시는 분들이 있어 행복해요

행복은 내가 만족하고 감사하는
지금 이 순간이에요

꿈을 향해 달리는 그대들에게

힘들죠?

꿈을 이루기 위해선 늘 그렇듯
손에 잡힐 듯 잡히지 않는
보이지 않는 무엇인가를 향해 달려가야 하는
오늘의 치열한 나의 싸움인 것 같아요

그런데요
꿈을 위한 시간을 보내는 것만큼
행복한 시간은 없답니다

하루 중
단 1시간이라도
아니 1분이라도
나의 꿈을 위한

무언가를 했다면
그건 정말 다행이죠

왜냐고요?

저는요
그때 제가 살아있는 순간인 것
같다고 느껴요

우리의 꿈을 향해
오늘도 내일도
힘내요
응원할게요

에필로그

나를 찾아 가는 길

늘 그렇듯 무엇이던 시간이 흘러가야 그 진가를 알 수 있는 것 같아요 이제껏 살아오면서 시간의 힘을 늘 느끼며 살아갑니다.

그래서 좀 더 솔직하고 인간적이고 자유로운 사람이 되고 싶었어요. 다른 사람에게 보이는 모습에 급급하지 않고 스스로를 칭찬해 주고 사랑하는 모습 말이죠.

이 책은 화려하지도 자극적이지도 않는 있는 그대로의 저를 드러낸 글입니다.

주기적으로 저를 돌아보곤 합니다. 가는 방향성이 맞는지 혹은 잘못된 생각과 행동을 하는지에 대해 생각해 보기 때문이에요. 때로는 회피하고 싶지만 그러한 시간들을 통해 발전하는 것 같아요.

유년 시절부터 지금까지 다양한 경험과 고비들 속에서 행복과 슬픔을 함께 느끼며 살아왔고 앞으로도 무엇인가를 향해 살아갈 것 같아요. 그 과정 속에 저 자신을 좀 더 단단하고 행복하게 만드는 것이 저의 숙제입니다. 이 책도 그런 과정의 일부라고 생각해요.

항상 믿어주는 많은 분들 특히 가족, 친구들, 스승님들께 감사의 인사를 전해드립니다.

너와 나 지금 여기에서 행복하기를 소망합니다.

2022년 9월
어느 여름의 끝자락에 윤 서 영